Walter Künneth

Mit dem Leben fertig werden

SOLA GRATIA
Medien

2. Auflage 2024

Sola Gratia Medien®
Reformations-Gesellschaft-Heidelberg e. V.
Postfach 100141
57001 Siegen
Deutschland
solagratia.de

Covergestaltung: T. Hermann
Bilder: www.freepik.com
Satz: Uhl + Massopust, Aalen
Gedruckt in der Europäischen Union
ISBN: 978-3-948475-87-1

Die Bibelstellen sind in der Regel der Lutherbibel 1912 entnommen. Soweit andere Bibelübersetzungen verwendet wurden, ist dies im Text gekennzeichnet. Alle Bibelzitate wurden den Regeln der geltenden Rechtschreibung angepasst. Hervorhebungen einzelner Wörter oder Passagen innerhalb von Bibelstellen sind hinzugefügt.

Dieser Titel ist eine Neuauflage des 1962 im Verlag Ernst Kaufmann, Lahr, erschienenen Titels: Walter Künneth, *Mit dem Leben fertig werden: 4 Meditationen.* Die Veröffentlichung erfolgt mit freundlicher Genehmigung von LRDir a.D. Adolf Künneth für den Nachlass von Prof. Dr. Walter Künneth.

INHALT

Vorwort zur Neuauflage

Mit diesem kleinen Büchlein halten Sie eine Schrift eines großen deutschsprachigen Theologen – Professor Dr. Walter Künneth – in der Hand. Es behandelt aber keine abstrakten theologischen Fragestellungen, sondern zielt ganz praktisch und einfach auf die grundlegenden Fragen des menschlichen Lebens: Wie wird man fertig mit schwierigen Lebensführungen und Schicksalsschlägen, was machen wir mit den Sorgen des Lebens? Wie gehen wir mit den Lieblosigkeiten um, die das menschliche Miteinander so oft prägen, und wo finden wir Hoffnung für unser Leben? All dies sind Kernfragen des menschlichen Daseins, Sinnfragen des Lebens, die jeder Mensch sich schon einmal gestellt hat. Wie einfach die Fragestellung auch ist, die Antwort darauf ist doch schwierig und komplex. Und hier schafft es Walter Künneth in sehr allgemeinverständlicher Art und Weise, Antworten anhand des christlichen Glaubens aufzuzeigen, die dem Leser helfen, mit dem Leben fertig zu werden.

Walter Künneth (1901–1997), Pfarrer in der bayrischen Landeskirche, gehörte während der Zeit des Nationalsozialismus zur Bekennenden Kirche und trat mit seiner Schrift *Antwort auf den Mythus* (1935) als mutiger Gegner des Nationalsozialismus auf, von dem er auch zeitweilig verfolgt wurde. Ab 1944 war er Dekan in Erlangen und ab 1953 ebendort Universitätsprofessor. Bekannt wurde er durch seine in mehrmaliger Auflage erschienenen Werke *Theologie der Auferstehung* (1933) und *Politik zwischen Dämon und Gott – Eine christliche Ethik des Politischen* (1954). In den 50er und 60er Jahren trat Künneth der Forderung Rudolf Bultmanns zur Entmythologisierung des Neuen Testaments entschieden entgegen. Er gehörte neben Peter Beyerhaus, Paul Deitenbeck, Rudolf Bäumer, Gerhard Bergmann und Wilhelm Busch zu den Mitbegründern der Bekenntnisbewegung *Kein anderes Evangelium*. Weiter wurde Künneth durch diverse Rundfunkansprachen einem breiten Publikum bekannt, die zum Teil auch in Buchform erschienen sind.

Die vorliegende Schrift erschien zum ersten Mal 1962 und basiert auf Radioansprachen, die Walter Künneth zuvor im Südwestrundfunk (SWR) gehalten hat.

S. M.

I.

BEGEGNUNG MIT DEM SCHICKSAL

An der Grenze

Wenn wir das Wort „Schicksal“ aussprechen oder es in der Tagespresse oder in einem Buch lesen, dann kann uns sofort ein Zweifaches zum Bewusstsein kommen. Einmal spüren wir, dass dieser Begriff „Schicksal“ an die Grenze unserer Existenz führt. Angesichts des Schicksalhaften stehen wir vor einer Wand, die wir nicht mehr übersteigen, vor einem undurchdringlichen Schleier, den wir nicht wegzuschieben vermögen. Unser Nachdenken ist gleichsam an eine Schranke gestoßen, zu Ende gekommen, wir können nicht mehr darüber hinausfragen. „Schicksal“, das heißt: Die Akten sind ein- für allemal geschlossen.

Zugleich aber merken wir, dass solches „Schicksal“ uns keineswegs in Ruhe lässt. Es ist merkwürdig, dass die allgemeine Auskunft, mit dem Schicksal sei alles erledigt, uns keineswegs befriedigt. Das hat seinen besonderen Grund. In seltsamer Weise zielt nämlich gerade das, was „Schicksal“ meint, auf die Mitte unseres Daseins ab, auf die innersten Kammern unseres Herzens, auf die verborgenen Bezirke unserer Seele. Damit wird die Stelle unserer Existenz in Bewegung gebracht, wo tausendfältig die Fragen und Gedanken über uns herfallen, wo Zweifel uns quälen und wie schwere Wolken unseren Weg überschatten.

Illusionslos

Wenn das geschieht, wenn wir dem Schicksal begegnen, dann schauen wir der Wirklichkeit ins Gesicht, dann verfliegen die Illusionen, dann sehen wir das Leben ohne Fassade, ohne Schminke, ohne Verklärung, so wie es tatsächlich ist. Dann wird nur eine Frage wichtig und bedrängend: Wie komme ich hindurch? Wie vermag ich alle diese äußeren Schwierigkeiten und inneren Nöte, die schicksalhaft über mich gekommen sind, zu bewältigen? Wie werde ich mit dem Leben fertig?

Ja, wie werden wir mit dem Leben fertig, so hat schon mancher von uns im Geheimen gefragt. Und diese Frage ist keineswegs schon erledigt und beantwortet. Sie wird vielmehr jeden Tag neu gestellt und bleibt unerhört aktuell. Wie aber steht es mit ihrer Beantwortung?

So viel ist gewiss: Schicksal und menschliche Existenz sind unlösbar miteinander verknüpft. Nach dem Dasein des Menschen fragen, bedeutet nach seinem Schicksal zu fragen. Je nachdem wir das „Schicksal" deuten und verstehen oder nicht verstehen, begreifen wir das Wesen und den Sinn unserer Existenz. Also kommt es wohl ganz entscheidend darauf an, wie wir dem Schicksal begegnen.

In Frage gestellt

Nun gehört es freilich zur Solidarität menschlichen Lebens, dass jeder „Schicksal" erlebt, „Schicksalsschläge" erfährt, der eine so, der andere so. Es mag auch sein, dass gar viele sich jung und stark, frisch und fröhlich fühlen und entschlossen sind, sich nicht so leicht von den Widerwärtigkeiten der Zeit und ihres persönlichen Schicksals unterkriegen zu lassen. Diese Haltung ist nicht nur begreiflich, sondern auch berechtigt, ja notwendig. Der Lebenskampf erfordert nun einmal den Einsatz aller Energien, eine Tapferkeit der Seele, auch ein gewisses Maß eines gesunden Optimismus.

Aber gleichwohl kann keiner so tun, als ob die Begegnung mit dem Schicksal ihm erspart bliebe, als ob er vor den Rissen und Sprüngen in den Fundamenten des Daseins seine Augen verschließen könnte, als ob die Erschütterungen und geheimen Erdbebenstöße ihn nichts angingen.

Lebensrätsel

Machen wir uns einmal klar, was wir eigentlich meinen, wenn wir vom „Schicksal“ reden. Offenbar handelt es sich hier um die Erfahrung von Tatbeständen, in die wir ungefragt hineinversetzt sind, um die Einbrüche anonymer Größen und Mächte, um Einschnitte auf unserem Lebensweg, um meist ungebetene und unerwünschte Weichenstellungen, die wir selbst nicht zu korrigieren und zu ändern befähigt sind. Manchmal stehen wir unter dem Eindruck, als ob das Schicksal ein grausames, frivoles Spiel mit dem Menschen treibt, als ob ein willkürlicher Zufall, ein sinnloses Geschehen triumphiert.

Alle derartigen Beobachtungen und Beurteilungen des Schicksals bewegen sich jedoch an der Oberfläche. Die eigentliche, gravierende Frage bedeutet vielmehr: Was für eine Bewandtnis hat es mit diesen tiefsten Beunruhigungen unserer Existenz durch Schicksalsmächte? Was haben uns diese schmerzlichen Erlebnisse und bitteren Einsichten zu sagen? Ungeheuerlich und unlösbar türmen sich die Lebensrätsel auf. Nur zu naheliegend erscheint die Feststellung, dass schließlich all unser Fragen und Nachforschen in die trostlose Erkenntnis einmünden: Es ist ja doch alles sinnlos!

In solcher Situation gilt es nun allerdings einzusehen, dass ein Ausweichen vor dem Schicksal nicht möglich ist. Wir müssen uns vielmehr von dem unheimlichen Schicksalsgeschehen fragen lassen: Was steht zutiefst dahinter? An der Beantwortung dieser Frage hängt alles.

Gottes Hand?

Es gibt in dieser Welt nur eine einzige Auskunft, welche den Anspruch erheben kann, gleichsam hinter den Vorhang des Schicksals zu schauen, und welche damit zugleich einen Hinweis schenkt, wie es möglich ist mit dem Leben fertig zu werden. Es ist das die geheimnisvolle Aussage, auf die wir immer wieder in der ganzen Bibel stoßen und die sich in einem abgründigen Wort des Apostels Petrus konzentriert: „So demütigt euch nun unter die gewaltige Hand Gottes, dass er euch erhöhe zu seiner Zeit!"

Wenn wir diesen Satz aufmerksam hören und auf uns wirken lassen, dann wird es uns sofort eindrücklich: Das ist nichts Einfaches, das ist keine billige Rede, hier wird uns etwas zugemutet, was unserer Menschennatur, unserem persönlichen Denken und Verhalten gar nicht liegt. Diese Mahnung rechnet mit einer gefährlichen Lage unserer Existenz. Es wird hier das Wort „Gott" ausgesprochen. Wir sollten diesen Namen einmal ganz ernst nehmen. „Gottes Hand" heißt es hier! Sollte denn Gottes Hand und das Schicksal etwas miteinander zu tun haben? Gott und das Schicksal! Passt denn das überhaupt zusammen? Kann das stimmen? Ist das wirklich wahr?

Nur mit einem leisen Zögern möchten wir dieses Wort in den Mund nehmen: Denn Gott und die Grausamkeiten des Schicksals, Gott und die unsagbaren Leidensnöte, Gott und das Sterben? Können wir das alles in einem Atemzug nennen? Steht das in Einklang mit Gott, von dem es heißt, dass er „die Liebe" sei?

Das apostolische Wort ist sehr realistisch. Da wird nichts beschönigt und verherrlicht. Die Hand Gottes wird als eine „gewaltige" bezeichnet. Ist diese gewaltige Hand Gottes über den Menschen ausgestreckt, dann wird der Mensch von einer überirdischen, erdrückenden Übermacht getroffen. Wenn das sich ereignet, dann hilft es nichts, wenn man meint, sich auf seine stabile Gesundheit verlassen zu können, auf die starken Nerven zu vertrauen, oder an den guten Willen zu appellieren. In dieser Lage muss man sich auch eingestehen, dass die äußere tapfere Haltung, welche vielleicht der Umwelt imponiert, es nicht tut.

Situationsänderung

Wenn Gottes gewaltige Hand, Gottes Schicksalshand, herniederfährt, dann wird etwas zerschlagen, etwas zerbrochen, etwas genommen. Da wird unser Lebensweg jäh durchkreuzt, da kann es sein, dass der Kurs der Lebensfahrt, die Lebensrichtung radikal geändert werden muss. Diese Hand reißt Wunden auf, sie schmerzt, sie tut weh.

Und doch, wenn das tatsächlich wahr ist, wenn das wirklich gilt: Nicht eine namenlose Schicksalsgewalt, nicht eine unbekannte Macht, welche blindwütend zuschlägt, sondern Gottes Hand, dann ist schon etwas erreicht. Unsere Situation hat sich im Innersten total verändert, wenn wir darum wissen: Nicht sinnloser Zufall ist am Werke, sondern: es ist Gott, es ist der Herr. In diesem Augenblick ist schon der erste Schritt aus dem dunklen Schacht, aus dem lichtlosen Kerker getan. „Gottes Hand“, das ist wohl ein harter Zugriff, ein schwerer Schlag, aber es ist zugleich die Hand, die uns allein hält, die uns nicht fallen lässt. Wenn wir es fassen können, dass uns hier Gott begegnet, dann ist das so, wie wenn uns ein Rettungsseil zugeworfen wird, das uns über den Abgrund trägt, dann ist das wie ein Lichtfunke, wenn alles Nacht geworden ist, wenn alles im Dunkeln versinkt.

Ergebung

Jetzt verstehen wir wohl auch, wenn uns zugerufen wird: „So demütigt euch nun unter die gewaltige Hand Gottes!“ Was ist damit gemeint? Dieses Wort will uns klar machen, dass wir unter dieser Hand Gottes bleiben müssen. Darunter bleiben können wir aber nur, wenn wir uns gleichsam niedrig machen. Wir dürfen also nicht so tun, als ob wir alles besser wüssten, als ob wir selbst der regierende Herr wären. Es wäre sinnlos, diese Hand Gottes abschütteln zu wollen. Es geht hier um nichts anderes als um das Stillehalten und damit um das innerliche Stillewerden. Wenn das geschieht, dann kann es sein, dass wir es lernen, dem Passionschristus nachzusprechen: „Ja, Vater, ja, von Herzensgrund, leg auf, ich will dir's tragen!“ Sich demütigen heißt sich ergeben in Gottes Hände. Das ist der Weg, das Schicksal zu meistern, mit dem Leben fertig zu werden.

Gottes Zeit

In solcher Schicksalswende wird uns aber noch eine andere Erkenntnis zuteil. Wir dürfen es nicht übersehen, dass die genannte apostolische Mahnung noch einen überaus bedeutungsvollen Ausblick gewährt: „Dass er euch erhöhe zu seiner Zeit!“ Wir dürfen dieses Wort gewiss nicht so missverstehen, als ob es uns lediglich sagen wollte: Halte nur ein bisschen aus, es wird schon wieder besser werden, Gott wird dich dafür belohnen, wenn du jetzt erträgst, was er dir auferlegt.

Nein, das ist bestimmt nicht damit gemeint. Die ganze Schwere und Größe dieser Verheißung dürfen wir nicht so vereinfachen und verharmlosen, als ob es sich um eine Allerweltsweisheit handelte. So einfach wird es uns im Leben nicht gemacht, dass die primitive Parole genügen würde: „Lass nur den Mut nicht sinken!" Die harte Wirklichkeit lehrt uns: Es gibt Lasten, die nicht abgenommen werden, Krankheiten, die nicht geheilt werden, Leiden, die nicht aufhören, Rätsel und Lebensfragen, die sich nicht lösen lassen; es gibt auch Gebetswünsche, die nicht so erhört werden, wie wir erhoffen. Oft sieht es so aus, als ob Katastrophen, Schicksalsgewalten und der Tod in dieser Welt das letzte Wort haben, dass Gottes gewaltige Hand wuchtend darauf bleibt.

Umso mehr aber gilt es aufzuhorchen, wenn uns trotz allem versichert wird: „Gott erhöht uns zu seiner Zeit!" Es gibt also eine „Zeit Gottes". Sie ist gewiss ganz anders als unsere Zeitrechnung. Aber zu seinem Zeitpunkt, zu rechter Stunde wird Gott handeln, wird Gott die Erniedrigung unter alles Leiden aufheben, wird Gott „erhöhen". Unsere Lebenswege und Lebensziele sind alle von Gott eingeplant. Es geht um die tiefste Gewissheit: Gott hat dich nicht aus dem Auge verloren, hat dich nicht vergessen, nicht aufgegeben. Zu „seiner Zeit“ wirst du es einsehen und spüren.

Gesegnet

Wann und wie diese „Gottes Zeit“ sein wird, in der Gott das Blatt des Schicksals wendet, aller Anfechtung und Bedrängnis ein Ende setzt, wissen wir nicht. Dabei erinnern wir uns an das Wort Jesu: „Was ich tue, das weißt du jetzt nicht, du wirst es aber hernach erfahren.“ Eines jedoch genügt zu wissen, an eines dürfen wir uns klammern: Gottes Erhöhen ist immer ein Segnen, ein „zum Ziel bringen“. Das Gethsemaneschicksal wurde Jesus nicht abgenommen, aber dieselbe gewaltige Hand Gottes bereitete seine Erhöhung am Ostermorgen. Da verwandelte sich auf einmal die gewaltige Hand Gottes zur segnenden Hand; da wird die Hand des Vaters, die Hand der Liebe sichtbar. Das also ist die entscheidende Antwort auf unsere Schicksalsfrage: Gottes Liebe hat mit uns noch etwas vor, Gottes Liebe hält noch eine Zukunft bereit, Gottes Liebe bringt uns ans Ziel.

„So demütigt euch unter die gewaltige Hand Gottes, dass er euch erhöhe zu seiner Zeit!“ Dass die Begegnung mit dem Schicksal zu einer Begegnung mit Gott wird, darauf kommt es an.

II.

IM BANN DER SORGE

Unsere Existenznot

Die Sorge gehört zum Leben, so wie der Schatten das Licht begleitet. Das ist eigentlich eine merkwürdige Erscheinung, und wir haben allen Anlass einmal darüber nachzudenken. Es ist also offenkundig so, dass die Sorge so etwas wie ein Grundelement des menschlichen Daseins darstellt. Wenn aber Menschsein heißt „im Bann der Sorge" stehen, dann ist es nicht zu verwundern, dass die Menschen darüber klagen, nicht mit dem Leben fertig zu werden. Aber muss das so sein? Könnte es nicht doch eine Möglichkeit geben, diesen Bann der Sorge zu brechen?

Gerade in unserer Zeit haben philosophische Denker ernsthafte Untersuchungen angestellt, um dem Phänomen unserer Existenz, dem Geheimnis des menschlichen Lebens auf die Spur zu kommen. Aber was wir hier hören, ist im Grunde genau dasselbe, was jeder Mensch immer schon unbewusst empfunden hat und durch seine Erfahrungen tausendfältig bestätigt sieht: In der Welt sein – das bedeutet so viel wie „in der Sorge sein". Vor diesem zur Existenz gehörenden „Sorgenmüssen" gibt es kein Ausweichen, kein Fliehen. Es ist nun einmal der unrevidierbare Tatbestand unserer Menschenexistenz, dass wir unentrinnbar hineingeworfen sind in einen Bezirk, in dem eine Unzahl von Verpflichtungen, von Aufgaben, von Verantwortlichkeiten an uns herantreten. So gilt es, das eigene persönliche Leben mit seinen seelischen Regungen und Empfindungen, mit seinen wechselnden Zuständen zu bedenken und zu besorgen. Es gilt, den kleinen alltäglichen und doch auch wieder so gewichtigen Anforderungen der Umwelt, in Familie und Haus, in Geschäft und Beruf, im Gefüge der gesellschaftlichen Notwendigkeiten und politischen Ansprüche und Dienstleistungen gerecht zu werden. Das alles wird zum Gegenstand unserer Überlegungen, Bemühungen und Besorgungen. Und dazu tritt, unlösbar mit der Sorge um das Gegenwärtige verknüpft, die Vorsorge für Kommendes. Wem gewissenhafte Verantwortung nicht fremd ist, kann sich der Pflicht, rechtzeitig Vorsorge im Blick auf Zukünftiges zu treffen, nicht entziehen.

Geheime Lasten

Diese elementare Sorge um die rechte Gestaltung des Lebens, die keinem erspart bleibt, erfährt nun allerdings eine besondere Zuspitzung. Es bleibt ja nicht bei den gleichsam allgemeinen und unvermeidbaren Alltagssorgen, sondern es kommen Stunden, in denen sich diese Sorgen in einer drohenden Wetterwolke zusammenballen. Wir wissen ja alle, was damit gemeint ist. Da tauchen plötzlich ungeahnte Schwierigkeiten im Berufsleben auf, Probleme zwischen Mann und Frau, Konflikte zwischen Eltern und Kindern, quälende Fragen, ob ein Krankheitsanfall überwunden werden kann, ob die Nerven durchhalten. Da treten Entscheidungen an uns heran, die wir gerne zurückschieben möchten, weil man darum sorgt, ihnen nicht gewachsen zu sein. Aber da melden sich auch auf einmal alle die verschwiegenen Sorgen, die in der verborgenen Tiefe der Seele wühlen. Gerade, weil man sich scheut sie auszusprechen, weil die Umwelt von ihnen nichts weiß, sind sie ganz besonders drückend. Ohne Frage, es gibt ungezählte Menschen, die unausgesprochen diese heimliche Last der Sorgen mit sich herumschleppen.

Optimismus?

Nun muss freilich noch etwas anderes dabei bedacht werden. Die Menschen sind ja unendlich verschieden, und darum spielt auch die Sorge in ihrem Denken und Handeln eine ganz verschiedene Rolle. Niemand wird zwar auf die Frage, ob er nicht auch Sorgen habe, antworten, dass er davon nichts wüsste, aber in der Tat: Jeder Mensch nimmt zu der Sorge eine andere Stellung ein, jeder bemüht sich auf seine Weise, irgendwie damit fertig zu werden. Da machen sich zunächst einmal alle die bekannten Temperamentsunterschiede bemerkbar.

Wir bewundern und beneiden bisweilen die optimistisch veranlagten Mitmenschen, die mit leichtem Sinn, allem Anschein nach sorglos und rasch, sich über die Unebenheiten und Steine hinwegsetzen. Aber freilich, hier droht die Gefahr, dass man an der Oberfläche hängen bleibt und den unbestreitbaren Ernst des Daseins aus dem Auge verliert. Schließlich muss noch damit gerechnet werden, dass dieser beglückende Lebensoptimismus doch eines Tages an der Härte der Existenznot scheitert.

Resignation

Zu denken ist aber auch an jene schwerblütigen Naturen, die sich von der Übermacht der Sorge wie in einer Gefängniszelle eingesperrt vorkommen, die alles schwer nehmen, die sich aus allem ein Gewissen machen und die infolge ihrer skrupulösen Veranlagung wie in einem Labyrinth sich verirren und keinen Ausweg mehr finden.

Aber so verschieden wie auch immer die Sorgenlast von dem Einzelnen empfunden werden mag, sicher ist auf jeden Fall eines, dass wir nur dann die Schwierigkeiten des Lebens bewältigen, wenn wir mit der Sorge fertig werden, die wie ein Ungeheuer mit immer neu wachsenden Fangarmen uns umgreift und uns erdrücken möchte. Bei dieser Erwägung muss uns aber immer mehr zum Bewusstsein kommen, dass ein bestimmtes Verhalten der Sorge gegenüber sich auf jeden Fall als Irrweg erweist. Es ist eine zweifellos falsche Reaktion auf die uns aufgebürdete Lebenslast, wenn wir darüber nachgrübeln, wenn wir uns mit der trostlosen „Warum-Frage“ herumschlagen. Dadurch wird die Last nicht leichter und nicht beseitigt. Vielmehr geraten wir noch tiefer in das Elend und in das Meer der Sorgen hinein, wenn wir uns innerlich dagegen auflehnen, empören oder gar anklagen und uns auf diese Weise immer mehr in die Verbitterung verstricken, und dann schließlich aus diesem Netz des Unheils überhaupt nicht mehr herauskommen.

Ohne Hilfe?

Wer im Bann der Sorge steht, macht außerdem noch eine bedrückende Entdeckung: Kein anderer Mensch ist in der Lage, ihm die Sorge abzunehmen.

Wir wollen gewiss nicht darüber gering denken, wie wohltuend es ist, sich bei einem anderen Menschen aussprechen zu dürfen und seine Seele dadurch erleichtern zu können. Es soll auch nicht übersehen werden, dass in der Gemeinschaft mit teilnehmenden Menschen manch guter Rat, manche hilfreiche Weisung und Tröstung geschenkt werden kann. Aber im Letzten und Entscheidenden muss doch jeder selbst mit seiner eigenen Sorge fertig werden. „Meine" Sorge kann kein anderer Mensch für mich übernehmen, hier gibt es keine Stellvertretung.

Auf Gott geworfen

Ist diese bittere Feststellung die einzige Auskunft? Gibt es wirklich keinen Ausweg aus dem Engpass der Sorgen? Wenn wir ernsthaft so fragen, taucht eine Wirklichkeit vor uns auf, die den Namen „Gott" trägt. Und nun konzentriert sich alles darauf, ob wir diese Wirklichkeit Gottes für uns gelten lassen wollen, ob wir bereit sind, auf die Stimme zu hören, die aus dieser Gotteswelt in unser Sorgenland zu uns dringt. Es geht jetzt tatsächlich um eine fundamentale Entscheidung. Wollen wir ohne Gott mit der Sorge fertig werden, oder wollen wir das Angebot annehmen, dass Gott sich bereit erklärt, das zu tun, was kein Mensch vermag, nämlich uns die Sorgen abzunehmen?

Wenn das geschieht, dass wir unsere Sorgen in das Licht Gottes stellen, unter Gottes Zusage rücken, dann kommt es für uns zu einer seltsamen Änderung unserer Lebenslage. Dann wird auf einmal eine neue Bewegung im Innersten ausgelöst, eine Bewegung von uns selbst weg hin auf Gott zu. Dann durchschauen wir es als eine verhängnisvolle Täuschung, wenn wir so tun, als ob wir unser Dasein bestimmen könnten, als ob wir das Gegenwärtige und das Künftige in der Hand hielten. Dann merken wir, dass wir ja über keinen einzigen Atemzug verfügen, sondern auf eine ganz andere Größe angewiesen sind. Wir sind demnach mit unserer Sorge einzig und allein auf Gott geworfen.

Woher wissen wir das? Dürfen und können wir so sprechen, uns so verhalten? Es gibt ein grundlegendes Zeichen dafür, dass Gott bereit ist, unsere Sorgen uns wirklich abzunehmen, ja dass dieses Wegnehmen der Sorgenlast gerade Gottes Wille ist. An unserem Lebensweg steht Jesus von Nazareth. Er steht zu jeder Zeit mitten im Heer der „mühseligen und beladenen“ Menschen. Da richtet er ein Signal auf, das nicht übersehen werden kann; ein Signal, das der menschlichen Existenz im Bann ihrer Sorgen einen klaren Ausweg zeigt: „Darum sage ich euch: ‚Sorget nicht für euer Leben‘. ‚Sehet die Vögel unter dem Himmel an: Sie säen nicht, sie ernten nicht, sie sammeln nicht in die Scheunen, und euer himmlischer Vater nähret sie doch. Seid ihr denn nicht viel mehr denn sie!‘“

Und noch einmal gibt er die Versicherung: „Euer himmlischer Vater weiß, dass ihr das alles bedürft“. „Darum sorget nicht für den anderen Morgen, denn der morgende Tag wird für das Seine sorgen. Es ist genug, dass ein jeglicher Tag seine eigene Plage habe." Einer seiner Jünger und Apostel aber nimmt dieses Jesuswort auf und ruft den Bekümmerten zu: „Alle eure Sorge werfet auf ihn, denn er sorgt für euch!"

In diesen berühmten Sätzen erschließt sich eine unerschütterliche Gewissheit. Die Wirklichkeit Gottes ist kein menschlicher Wunschtraum, keine Illusion, sondern meint die Gegenwart des „himmlischen Vaters". Der himmlische Vater existiert nicht irgendwo in unendlicher Ferne, sondern er ist da, ist unmittelbar nahe. Als Vater steht er, auch wenn wir es nicht spüren, fortgesetzt in einem geheimen Gespräch mit uns, seinen Menschenkindern. Als Vater kennt er alle Abgründe menschlicher Not und Sorge, er kennt sie besser als wir selbst, denn er schaut in die letzten Tiefen unserer Existenz und darum weiß er auch besser als wir, wessen wir bedürfen.

Aber das ist nun ein unerhörtes, ein geradezu großartiges Angebot, dass dieser Gott, dieser „Vater", es uns direkt zusagt, dass er selbst seine Aufgabe darin sieht, die Verantwortung für unser Leben zu tragen, die Fürsorge und Vorsorge für unsere Existenz auf sich zu nehmen.

Unsere Lebenslage hat damit eine totale Umdrehung erfahren. Es ist also gerade nicht Gottes Wille, dass wir uns in unseren Sorgen vergraben und von ihnen verschüttet werden, sondern umgekehrt kommt es vielmehr darauf an, aus dieser finsteren Schlucht der Sorgen herauszufinden. Das kann sich nur so zutragen, dass wir unsere notvollen Lebenssorgen Gott zur Beantwortung überlassen, dass wir ernst damit machen, dass Gott für uns sorgt, dass wir uns ganz auf ihn verlassen, es ihm zutrauen, dass er wirklich auch „unser Vater“ ist.

Eine wunderbare Möglichkeit bricht auf: Wir dürfen die Sorgen „wegwerfen“. Nicht darum ist es zu tun, die Sorgen festzuhalten oder gar noch zu vergrößern, indem wir die Sorgen der kommenden Tage zu unseren heutigen Sorgen noch dazu nehmen. Es wird aber ebenso wenig verlangt, die Nöte und Anfechtungen zu verkleinern und zu beschönigen, sondern es gilt, sie wegzuschleudern auf Gott selbst, der sie allein für uns zu tragen vermag.

Wer täglich erneut sich entschließt, seine Sorgen in Gottes Hände zu legen, der wird in seinem Leben eine innere Ruhe, einen tiefen Frieden erfahren. Er wird es bestätigt finden: „In Gottes Händen, wunderbar geborgen, erwarten wir getrost, was kommen mag. Gott ist bei uns, am Abend wie am Morgen und ganz gewiss an jedem neuen Tag."

III.

ZUR LIEBE BEFREIT

Die Umwelt ist schuld

Weshalb werden eigentlich so viele Menschen nicht mit ihrem Leben fertig? Auf diese Frage, die jeder sich irgendwann einmal ernsthaft stellen müsste, gibt es viele Antworten. Das Nächstliegende, wenn auch das Primitivste, scheint es zu sein, zu erklären, es liege an den ungünstigen Verhältnissen, an der unbefriedigenden Arbeit, an der Tretmühle des Alltags. Alles Erscheinungen, die keine gute Stimmung aufkommen lassen, und die eine Zufriedenheit der Seele verhindern. Wieder andere schieben die Schuld auf die Mitmenschen, die uns zu schaffen machen. Da sind die Hausbewohner und Nachbarn, die genug Anlass zu Reibungen geben, aber auch der tägliche Umgang mit den Nächststehenden in der Familie kann ja nie ohne Spannungen verlaufen. Und wenn man außerdem noch an die Kollegen und Vorgesetzten denkt, an alle, welche im gleichen Betrieb und Geschäft arbeiten, da überkommt einen manchmal das Gefühl, dass Ärger und Verdruss zum täglichen Brot gehören und das Glücklichsein gründlich verderben.

Und wir?

Aber in dieser Beurteilung der eigenen Lebenslage steckt ein tiefgreifender Irrtum. Gewiss besitzen die äußeren Umstände ihr Gewicht und verdienen eine aufmerksame Beachtung, aber schließlich kommt es doch im Leben auf etwas ganz anderes an. Das Wesentliche sind nämlich letztlich nicht die Dinge, die Umwelt, die Menschen – sondern entscheidend ist unsere Einstellung. Wie verhalte ich mich zu all dem, was auf mich zukommt, was mich so oder so beansprucht? Das ist die eigentliche Frage, die wir zu bewältigen haben, wenn wir mit dem Leben fertig werden wollen.

Wenn wir ehrlich so fragen, müssen wir allerdings eingestehen, dass in unserem Innersten etwas nicht in Ordnung ist, dass uns etwas fehlt. In dieser Lücke aber macht sich ein geheimer Misston bemerkbar, der jede Harmonie zerstört. Was ist es aber nun um diese tiefste, verborgene Dissonanz im Herzen?

Darauf ist ganz schlicht zu antworten: Die meisten Menschen leiden unter einem Mangel an Liebe, sie können nicht wirklich lieben. Diese Liebesarmut, dieser Liebesschwund ist der eigentliche Grund, dass sie am Leben scheitern.

Nun könnte man freilich entgegnen, dass das große Thema für alle Menschen, und zwar zu jeder Zeit, die „Liebe" sei. Man wird auch nicht die faszinierende Größe und Schönheit und Wirkungsweite dieser menschlichen Liebeskraft in Abrede stellen. Ohne die ungezählten Gemütswerte, die aus solcher zwischenmenschlichen Liebe erwachsen, müsste das Leben in der Eiseskälte des nüchternen Verstandes und der berechnenden Zweckmäßigkeit erstarren.

Und doch ist das, was die Menschen „Liebe“ nennen, selbst nicht so, wie es sein sollte. Dieses Phänomen der menschlichen Liebe hat teil an der schrillen Dissonanz, die durch jede menschliche Existenz zittert. So wertvoll und unerlässlich dieses „Lieben“ auch ist, es ist doch keine wirkliche Liebe, die ganz frei wäre für den Nächsten. Sie ist vielmehr egozentrisch gebunden, gefangengenommen von den Süchten und Schwierigkeiten der eigenen Ichhaftigkeit. So führt diese naturhafte Liebe menschlicher Sympathie und Freundschaft oder der erotischen Anziehung nicht über den Zustand hinaus, in dem der Mensch nur um sich selbst kreist, nur in erster Linie an sich denkt und darum auch den anderen Menschen, dem er Liebe schenkt, in seine eigenen Wünsche und Bedürfnisse mithineinzieht. Nur zu oft sucht der Mensch sich selbst, wenn er einem anderen Gutes erweist, denn es kommt ihm auch hier auf seine eigene Geltung, auf sein Ansehen an. Es ist geradezu tragisch zu nennen, dass der Mensch auch dann, wenn er seine Liebesgesinnung verwirklichen will, nie ganz von sich selbst loskommt. Auch Menschen, die sich in aufrichtiger natürlicher Liebe begegnen und einander Gefallen erweisen und selbst eine Mutter, die aufopfernd ihr Kind pflegt, vermögen nicht den Ring der ichhaft gebundenen Liebe zu durchbrechen. Lieben heißt hier ja, das Gute und Schöne und Wertvolle lieben, das, was dem eigenen Bedürfnis höchste Befriedigung bietet; es bedeutet das Nützliche und Pflichtgemäße, das moralisch Hochwertige lieben, das zweifellos Vorteile und Anerkennung verspricht.

Die große Enttäuschung

Was dann aber, wenn die Werte, die wir lieben, im Lauf und Wandel der Zeit verblassen, wenn die Gegenliebe, mit der wir rechnen, verkümmert, wenn die Menschen, denen wir unsere Liebe schenkten, uns bitter enttäuschen, wenn der Dank, mit dem wir doch immer im Verborgenen rechnen, ausbleibt? Dann kommt es zu der großen Ernüchterung, zur Desillusionierung der menschlichen Liebesfähigkeit. Dann merken wir in der Tat, dass solche Liebe teilhat an der Erschütterung, an dem inneren Verfall der menschlichen Existenz, dass diese Liebe eines Tages „aufhört".

Wenn diese Einsicht sich aufdrängt, dann enthüllt sich eine quälende Seelennot. Dann droht jene gefährliche Verkrampfung des Menschen in sich, jene Ichverkrümmung einzutreten, dann wird der Mensch im Innersten unglücklich, denn jeder Mensch braucht Liebe, und jeder Mensch sehnt sich nach Liebe.

Wir sind geliebt

Woher kann die große Wende kommen, die wirklich im Leben weiterhilft? Diese radikale Umdrehung ereignet sich dann, wenn uns aufgeht, dass wir die wahre Liebe nicht erst zu suchen brauchen, sondern dass wir alle längst schon geliebt sind. Das ist ja das Kernstück der gesamten christlichen Botschaft: Wir sind von Gott selbst geliebt! Das ist der entscheidende Grundstein der neuen Existenz, der wirklichen Lebensmöglichkeit: Von Gott geliebt und darum zur Liebe befreit!

Es wird gut sein, wenn wir bei diesen Sätzen nicht sofort innerlich abschalten mit der Bemerkung, dass derartige christliche Behauptungen ja längst bekannt seien. Es gilt vielmehr darüber nachzudenken, was denn das Wort von der „Liebe Gottes“ überhaupt sagen will, ob es nicht geeignet sein könnte, gerade in unsere Situation hineinzusprechen und unserem Leben eine neue Wegweisung zu geben.

Das Geheimnis der Liebe

Gottes Liebe meint auf jeden Fall etwas ganz anderes als unsere irdische Liebesmöglichkeit. Diese Liebe ist verstandesmäßig, aber auch gefühlsmäßig überhaupt nicht fassbar, denn es ist eine Liebe des „Trotzdem“, des „Dennoch“. Damit soll zum Ausdruck gebracht werden, dass diese Liebe eine unvergleichliche Mächtigkeit besitzt, dass sie etwas vermag, was die menschliche Liebe unendlich übersteigt. Gottes Liebe liebt nämlich den, der diese Liebe gar nicht verdient. Sie richtet sich gerade auch auf den Menschen, der in der großen Welt nicht Beifall und Zustimmung findet, auf den, der vielleicht minderwertig erscheint und der in die Verborgenheit zurückgezogen sich darum grämt, dass ihn niemand versteht und dass ihn niemand liebt. Sie lässt sogar den Menschen, der schuldig geworden ist, den

Entgleisten, nicht fallen. Sie ist grenzenlos, sie hat einen langen Atem, der nie aufhört.

Das Herz der Liebe

Es wäre jedoch unrichtig, diese Gottesliebe als ein Ideal zu bezeichnen, das für Menschen unerreichbar über dem Firmament schwebt. Diese Liebe ist vielmehr ganz irdisch geworden, uns unmittelbar nahegerückt. Sie hat praktisch Gestalt gefunden in dem Menschen Jesus Christus. Durch ihn kommt ein neuer Ton in diese durch Misstöne und Dissonanzen zerrissene Welt, in ihm bricht ein neuer Geist auf, der die Spannungen und Konflikte und Explosionen der Feindseligkeit, welche die Atmosphäre der Menschheit vergiften, überwindet. In ihm verkörpert sich das Bild der Gottesliebe, von der es in dem großartigen Hymnus über die Liebe in dem dreizehnten Kapitel des ersten Korintherbriefes heißt: „Sie suchet nicht das Ihre, sie lässt sich nicht erbittern, sie rechnet das Böse nicht zu. Sie verträgt alles, sie glaubt alles, sie hofft alles, sie duldet alles. Die Liebe höret nimmer auf."

Und diese Christusliebe wagt noch einen letzten Schritt. Sie verwirklicht sich in geradezu unheimlicher Größe, indem sie sich für alle in den Tod hingibt, sich für die Welt opfert. So wird das Kreuz des Christus zum Zeichen der Gottesliebe in dieser lieblosen Welt, unübersehbar, unerhört stark. Und dieses Kreuz bezeugt es allen Abgründen des eigenen Herzens und allen Dämonien der Weltgeschichte und des Kosmos zum Trotz: Wer du auch bist, welche Vergangenheit du auch hast und welche Gebundenheiten dich auch quälen: Du bist dennoch geliebt, und darum zur Liebe befreit.

Sich lieben lassen!

Mit dieser Aussage tut sich eine völlig neue Möglichkeit auf, mit dem Leben fertig zu werden. Es ist nun freilich nicht zu bestreiten, dass es gilt, sich zu dieser unbedingten, vorbehaltlosen Liebe befreien zu lassen. Denn auf den Geist, auf die Tat dieser Liebe wartet die Welt. Diese Liebe braucht jeder.

Es ist ja nicht nur seltsam, sondern für jeden besinnlichen Menschen beklemmend und aufwühlend, dass die Fülle des wirtschaftlichen Reichtums die Herzen nicht zufriedener und die grandiosen technischen Triumphe die Menschen innerlich nicht reicher gemacht haben. Der äußere Fortschritt der modernen Welt hat den Menschen keinen einzigen Schritt der Liebe näher gebracht.

Umso gewichtiger ist der unumstößliche Tatbestand, dass das Angebot der Gottesliebe, die Aufforderung, sich zur Liebe befreien zu lassen, da ist. Ob unser Leben noch eine Zukunft hat, hängt entscheidend davon ab, ob wir für diese Liebe frei werden, oder uns gegen sie verschließen. Es kann sich jedoch nicht darum handeln, dass wir krampfhaft versuchen, unsere eigenen Liebeskräfte zu mobilisieren, sie werden sich immer als zu kümmerlich und schwach erweisen. Aber alles muss sich darauf konzentrieren, dass wir Anschluss an den geheimen tiefen Strom der Gottesliebe gewinnen, dass wir versuchen, täglich aus dem Kontakt mit Christus heraus die tausendfältigen Lebensaufgaben zu bewältigen.

In dem Augenblick aber, in dem wir uns bewusst auf den Boden dieser neuen, uns geschenkten Wirklichkeit der Christusliebe stellen, tun sich auf einmal für uns neue Möglichkeiten, neue Perspektiven auf. Wer sich von der Liebe Gottes umfangen, getragen und gehalten weiß, schaut nicht mehr auf sich selbst, als ob der Mensch allein der Daseinsmittelpunkt wäre. Indem er aber umgekehrt sich an der Christusliebe orientiert, ereignet sich die große Wende in seinem Leben. Der Mensch wird auf einmal frei von sich selbst, frei von der eigenen Ichverkrampfung, frei von den ungezählten Selbstsüchten.

Damit aber wird zugleich die totale Umwandlung vollzogen von sich selbst weg hin zum anderen, damit geschieht die Befreiung zur Liebe für den Nächsten. Jetzt kommt es zur Umwertung der Maßstäbe, die unser Leben steuern. Jetzt drängt sich nicht mehr die Frage: „Was nützt mir?" „Wie komme ich zur Geltung?" in den Vordergrund, sondern die aufkeimende Liebe fragt: „Wie kann ich den Mitmenschen helfen?" Freiwerden zur Liebe heißt ja, sich nicht mehr vor dem anderen verschließen, sondern sich dem Nächsten öffnen.

Nicht eine außergewöhnliche Aktion ist mit dieser neuen Haltung gemeint, sondern die echte Liebe wird schon im Kleinen und Kleinsten wirksam. Da begegnen uns Menschen mit ihren Schwächen und Absonderlichkeiten, mit ihrem verborgenen Kummer und stillen Leid. Ihre Lebensnot besteht nicht darin, dass sie zu wenig verdienen, sondern dass sie nicht lieben können, weil sie selbst zu wenig Liebe empfangen. Das scharfe Auge der Liebe erkennt, was nottut. Vielleicht ist es ein gutes Wort, eine kleine Anerkennung, vielleicht eine teilnehmende Frage, ein verstehender Blick oder der Druck der Hand, welche eine innere Verbundenheit spüren lässt.

So kommt es bei uns selbst wie bei den anderen zu einem Wachsen der Liebe. Zugleich machen wir aber eine unvergleichliche Entdeckung: Das Leben wird reicher. Die Liebe führt zur Echtheit, zur Vertiefung, zur Reife. In der Befreiung zu solcher Liebe liegt das eigentliche Geheimnis, mit dem Leben fertig zu werden.

IV.

DIE EXISTENZ IN DER HOFFNUNG

Ohne Hoffnung?

Ein überaus seltsames Phänomen des menschlichen Daseins begegnet uns in der Hoffnung. Es gibt kein bewusstes, sinnvolles Leben ohne Hoffen. Wirkliches Menschsein ist in irgendeiner Weise gleichbedeutend mit einer Existenz in der Hoffnung. Wenn der Mensch keine Hoffnung mehr hat, dann ist er schon innerlich tot, dann hat der Prozess des Sterbens schon in seiner Seele begonnen, dann kann der Mensch nicht mehr leben. Darum wird von ihm ja gesagt: „Noch am Grabe pflanzt er die Hoffnung auf". Hoffnung ist demnach so etwas wie der geheime Lebensfaden, der unsere Existenz hält und leitet.

Diese Erkenntnis wird heute mehr denn je bestätigt durch die Erfahrung an Krankenbetten. Auch Ärzte sprechen es aus, wie wichtig es ist, dass im Kranken eine Hoffnung auf Genesung lebendig ist. Dieses Hoffen ist ein unentbehrlicher Heilfaktor, der unsichtbar an der Genesung mitarbeitet und im Innersten die Heilung gleichsam präpariert. Wenn einem Kranken die positive seelische Einstellung fehlt und ihm alle Hoffnung geraubt wird, dann wird auch seine geheime Lebenskraft gelähmt, und es ist zu befürchten, dass auch die modernsten medizinischen Mittel bei ihm nicht anschlagen und in ihrer Heilkraft gehemmt werden.

Der Blick auf die Zukunft

Es ist nun offenbar so, dass dieser Vorgang der Seele, dass sie sich im Hoffen notwendigerweise manifestiert und gestaltet, sich schon vom ersten Augenblick an ereignet, in dem das Kind zu vollem Bewusstsein, zu seinem Selbstverständnis erwacht. Gewiss ist es charakteristisch für kleine Kinder, dass sie unbewusst in den Tag hineinleben, aber je mehr sie zu sich selbst kommen, zum „Ich-Bewusstsein“ reifen, entsteht in ihrem Leben jener geheimnisvolle Bruch: Sie erleben auf einmal etwas von dem Vergehen, von dem Wechsel und der Veränderung der Zeit, und damit bricht zugleich in ihnen die Erwartung auf etwas Kommendes, die Hoffnung auf die Zukunft auf. Wir wissen ja alle, wie die Kinder in freudiger Hoffnung auf den bevorstehenden Geburtstag oder die Ferien oder Festtage leben, wie sie auf das Erwachsensein hoffen und ihre Phantasie von den Idealbildern der Zukunft träumt. So schicken sie ihr Herz voraus in die Zukunft und es besteht kein Zweifel darüber, dass dieses kindliche Hoffen für ihre geistige Entwicklung, ja auch für ihre künftige Berufswahl, von wesentlichem Gewicht ist.

Auch der ausgereifte Mensch wächst über den Bereich der Hoffnung niemals hinaus. Sein Hoffen wird nur immer spannungsreicher, problematischer, notvoller. Er hat ja reichlich Gelegenheit, in die Unvollkommenheiten und Widerwärtigkeiten der Gegenwart Einsicht zu nehmen. Er weiß um den tausendfältigen Mangel des Lebens, um das

„noch-nicht" der unbefriedigten Wünsche und unerreichten Ziele, um den Fluch des Leidens, dem jede menschliche Existenz ausgesetzt ist. Nichts liegt näher, als in dieser Lage Ausschau zu halten nach einer Besserung der Verhältnisse, einer Lösung der Fragen, als zu hoffen, die Gesundheit möge erhalten werden und das Befinden möge sich bessern; die Sorgen möchten schwinden, Lebenserfolge und Lebensziele erreicht werden und die politischen Wetterwolken nicht zur Entladung kommen. So rechnet jeder Mensch, in jedem Alter, in jeder Lebenssituation mit einer besseren Zukunft. Jeder Mensch steht in der Existenz der Hoffnung.

Das Risiko der Hoffnung

Aber machen wir uns noch einmal klar, was das eigentlich und zutiefst bedeutet. Was geschieht, wenn der Mensch in einer Hoffnung lebt? In der Hoffnung wagt der Mensch eine erstaunliche Aussage über das, was er erwartet, obwohl er es nicht sieht, nicht zu berechnen vermag. In der Hoffnung greift er in den künftigen Gang der Dinge hinein, und zwar ohne Beweis, ohne Garantie, ohne Sicherheit. Dieses Hoffen ist bisweilen wie ein Sprung ins Dunkel, wie ein Sprung über einen Abgrund, obwohl man das andere Ufer noch nicht genau erkennt.

So trägt das menschliche Hoffen den Charakter eines Risikos, von dem man nicht wissen kann, wie es ausgeht. Damit hängt wohl auch zusammen, dass die Volksweisheit davon redet: „Hoffen und Harren macht manchen zum Narren". Und das heißt doch wohl, dass die Hoffnung des Menschen auch in die Irre führen kann, dass sie unbegründet ist und sich eines Tages als Einbildung und Phantasie erweist. Ohne Frage gibt es ein falsches Hoffen, das sich in Zukunftsträumen verliert und damit den realen Boden des Tatsächlichen preisgibt. Wir können es nicht verschweigen, dass die Menschen und auch ganze Völker immer wieder in die Gefahr geraten, durch trügerische Hoffnungen die wahre Situation zu vernebeln und sich in eine heillose Selbsttäuschung zu verstricken. Wo immer es zu einer unrichtigen Einschätzung der wirklichen Faktoren in der Weltpolitik kommt, wird die Hoffnung zu einem verhängnisvollen Schwärmertum entartet, das schließlich zu politischen Katastrophen führt.

Das Fundament der Hoffnung

Aus allen diesen Erwägungen ergibt sich allerdings mit Eindeutigkeit: Nicht jedes Hoffen des Menschen besteht zurecht. Zwar ist das menschliche Leben unlösbar mit der Hoffnung verknüpft, aber ebenso klar muss erkannt werden, dass ein verfehltes Hoffen Verderben bedeutet. Demnach kommt es auf eine echte, begründete, sinnvolle Hoffnung an. Damit aber wird die Frage brennend und ausschlaggebend: Woher nehmen wir den Grund für eine Hoffnung, welche das Leben von innen her zu gestalten und zu tragen vermag? Worauf bauen wir, wenn wir betont von einer Existenz in der Hoffnung reden?

In einem uralten Turm eines finsteren Verließes in Frankreich hat man in den feuchten Mauerwänden drei lateinische Worte gefunden: „Christus – unica – spes". „Christus die einzige Hoffnung". Was hat jene unglückseligen, verlorenen Menschen in diesem fürchterlichen Kerker veranlasst, mühevoll diesen kleinen Satz in den harten Stein einzugraben? Was wollten sie damit bezeugen?

Es waren wohl lebenslänglich Gefangene, die in diesem Gemäuer lebendig begraben waren. Kein Lichtschimmer und kein Laut konnte von außen zu ihnen dringen. Es mag wohl sein, dass sie in den ersten Monaten und Jahren darauf hofften: Die Stunde der Befreiung wird kommen. Aber sie kam nicht. Und allmählich ist all ihr irdisches Hoffen erstorben. Eines nur ist ihnen geblieben, eines konnte ihnen keine brutale Gewalt, nicht die Qualen ihres Körpers und nicht ihre Seelennot rauben – ja nicht einmal der Tod, der jetzt stündlich auf sie zukam: Jesus Christus. „Christus unica spes", „Christus die einzige Hoffnung!"

Das Wagnis mit Christus

Ob dieses Zeugnis über die Kerkermauern hinaus Gültigkeit besitzt? Ob es auch uns heutigen, modernen Menschen etwas zu sagen hat? Was ist von Jesus Christus zu erwarten? Weshalb gerade dieser

Name? Weshalb kann gerade er Grund und Quelle der Hoffnung sein?

Wenn sich die Hoffnung auf Kommendes richtet, dann ist sie auf eine Wirklichkeit angewiesen, die nicht versinkt, sondern die bleibt, die auch über die Zukunft verfügt, die immer schon da ist, wenn der Mensch in das ungewisse „Morgen“ hineinschreitet. Diese Wirklichkeit ist allein Jesus Christus. Er ist der Einzige, der jenseits des Stromes der Vergänglichkeit unwandelbar steht, von dem allein gesagt werden kann: „Gestern und heute derselbe und auch in Ewigkeit“.

Darum ist Jesus Christus das Fundament der Hoffnung, weil er der Einzige ist, der die verworrene Vergangenheit des menschlichen Lebens wieder in Ordnung bringen kann. Nur im Blick auf ihn gibt es eine Überwindung der Last und Anklage der Vergangenheit, ihrer Verfehlungen und Versäumnisse. Nur durch ihn gibt es eine Wegnahme der Schuld, die jedes Hoffen im Keim erstickt.

Zugleich aber ist dieser Jesus Christus der Einzige, der um Sinn und Ziel, um Vollendung und Erfüllung unserer irdischen Existenz weiß. Wir wissen es ja von uns aus nicht, und darum steht alles bloß menschliche Hoffen auf so schwachen Füßen. Unser Hoffen wird nur zu oft durch irrtümliche Leitbilder von dem eigentlichen Ziel abgelenkt. Von einer klaren, unerschütterlichen Hoffnung kann nur dann die Rede sein, wenn es eine überirdische, eine ewige Realität gibt, auf die man sich verlassen kann: Und diese Realität heißt Jesus Christus. Die auf ihn allein sich gründende Zuversicht und Hoffnung lebt von der Gewissheit: „Du führst mich doch zum Ziele, auch durch die Nacht". Das heißt wahrhaft hoffen!

Irrwege

Aber da steht vor uns ein recht merkwürdiger Tatbestand, der uns zu denken gibt. An der Hoffnung, die in Christus ihre Mitte hat, gehen die meisten Menschen vorüber. Sie begnügen sich mit den vordergründigen und vorläufigen Hoffnungen, und deshalb geht ihr Weg von einer Enttäuschung zur anderen. Oft genug hat man schon geglaubt, diese „Christushoffnung" mit der spöttischen Bemerkung, es handle sich hierbei um eine billige Jenseitsvertröstung, abtun zu können.

In der Tat: Den Tiefgang der Hoffnung vermag nur der zu verstehen, der sich nichts über das wahre Gesicht dieser unserer Welt, nichts über die Bedrohtheit der menschlichen Existenz vormachen lässt, der die Fragwürdigkeit des Lebens durchschaut. Es ist ja unbestreitbar und unübersehbar: Alles Irdische ist dem Untergang, ist dem Tode geweiht. „Wir haben hier keine bleibende Stadt!“ Wenn dies das letzte Wort ist, dann gibt es keine Hoffnung, dann haben wir Gott aus dem Auge verloren, dann blicken wir in die grausame Fratze eines Ungeheuers, das zuletzt alles verschlingt. Dann müssen wir eine Existenz leben ohne Sinn, ohne Hoffnung.

Nun gibt es freilich auch heute philosophische Stimmen, die aus der Not eine Tugend machen möchten, die erklären, gerade diese hoffnungslose Lage müsse in aller Illusionslosigkeit bejaht werden. Es käme darauf an, ein trotziges Ja zu dieser unserer Existenz ohne Hoffnung zu sprechen, ein heroisches Lebensideal sei zu fordern, man müsse den Mut der Verzweiflung aufbringen. Darum hat Oswald Spengler jenen römischen Legionär von Pompeji, der vor der heranbrechenden Katastrophe nicht zurückweicht, als Symbol der heroischen Lebensbewältigung gepriesen: „Auf verlorenem Posten ausharren, ohne Hoffnung, das heißt Charakter, das heißt Rasse haben.“

Das Entweder-Oder

Niemand leugnet die stille Größe tragischen Heldentums. Aber aller menschlicher Heroismus bietet ja keine Lösung der Lebensfrage, sondern führt zu einer Kapitulation vor der Hoffnungslosigkeit des Lebensschicksals. Angesichts dieser Lage des Menschseins, zwischen Hoffnung und Hoffnungslosigkeit existieren zu müssen, kann man sich der Entscheidung nicht entziehen: Entweder Verzicht auf Hoffnung und damit der Sinnlosigkeit Raum geben, oder Neubegründung der Existenz in einer Hoffnung, die „nie vergeht“. Diese aber gibt es nur, wenn es zu einer Verankerung in der Dimension Gottes kommt, wenn man sich von dem jenseitigen Ufer Gottes gezogen und gehalten weiß, wenn Christus die Lebenshoffnung geworden ist.

Die Existenz in der Hoffnung sieht über dem Horizont einer vergehenden Welt die Leuchtfeuer der Ewigkeit Gottes, denn sie lebt von der Gewissheit: „Jesus Christ, du nur bist unserer Hoffnung Licht".

… das Gute behalten!

Über **Sola Gratia Medien®**

Sola Gratia Medien wurde 2019 gegründet, um bibeltreue Literatur zu publizieren. Hierbei soll ein Schwerpunkt auf solchen Büchern liegen, die

- auf der Bibel als irrtumsfreies Wort Gottes gegründet sind,
- Gottes Gnade verherrlichen,
- theologisch vertiefen und geistlich erneuern sowie
- sich den geistigen Quellen der Reformation verpflichtet fühlen.

Weitere Informationen finden Sie unter
www.solagratia.de – info@solagratia.de

Die Verlagsarbeit wird getragen durch:

Reformations-Gesellschaft-Heidelberg e. V.
Postfach 100141
57001 Siegen · Deutschland
www.reformationsgesellschaft.de

Stichting Vrienden van Heidelberg en Dordrecht

info@svvhed.org
www.svvhed.org

Weitere Empfehlungen

Benjamin B. Warfield

Glauben und Leben

Noch heute gilt die nordamerikanische Universität Princeton als eine der besten Universitäten der Welt. Im ausgehenden 19. und beginnenden 20. Jahrhundert hatte die dortige theologische Fakultät den Ruf, ein Bollwerk für bibeltreue evangelische Theologie zu sein. Diese Zeiten sind heute vorbei, aber geblieben ist ein besonderer Schatz. Namhafte Professoren wie Archibald Alexander, Samuel Miller und Charles Hodge hielten an Sonntagnachmittagen Ansprachen für die Studenten. Diese Tradition setzte auch Benjamin B. Warfield fort, der als berühmtester Professor der Hochschule gilt und als der „Löwe von Princeton" bezeichnet wird. 41 seiner Vorträge, die eine große Bandbreite von Themen des Glaubens und des Lebens behandeln, finden sich in diesem Buch. Da sie leicht verständlich sind, kann auch ein Laie Warfield mit Genuss lesen. Das vorliegende Werk ist somit ein wahrer Schatz für jeden Bibelfreund.

Benjamin B. Warfield (1851-1921) verfasste als Professor für Theologie in Princeton zahlreiche Schriften und Abhandlungen, die bis heute grundlegende Bedeutung haben. Obwohl seine Schriften im Englischen bis heute immer wieder nachgedruckt werden, sind sie im deutschsprachigen Raum jedoch kaum erschlossen.

Geb., 484 Seiten
Nr. 819.758
ISBN: 978-3-948475-58-1
€ 19,90

William Bridge

Trost für betrübte Herzen

Was beugst du dich nieder, meine Seele,
und was bist du unruhig in mir?
Harre auf Gott! Denn ich werde ihn noch
preisen, der das Heil meines Angesichts
und mein Gott ist. Psalm 42,12

Dieses Buch enthält Texte des Trostes und Zuspruchs für entmutigte Christen von dem großen Puritaner William Bridge.

Seien es schwere Versuchungen, mangelnde Heilsgewissheit, das Gefühl der Gottverlassenheit, die Unfähigkeit, gut zu dienen – Bridge analysiert mit großer Präzision die Entmutigungen und widmet sich allen Hilfsbedürftigen mit dem Feingefühl eines wahren Seelsorgers. Er stellt die Zuverlässigkeit Gottes, seiner Verheißungen und seiner Gnade deutlich vor die Augen der Leser und entkräftet wirksam alle Einwände, die ein Christ für seinen Zweifel anführen könnte.

„Es gibt keinen Grund zur Mutlosigkeit, mit dem die Heiligen konfrontiert werden können, mit dem nicht eine noch größere Ermutigung verbunden ist.“ – William Bridge

Geb., 408 Seiten
Nr. 819.772
ISBN: 978-3-948475-72-7
€ 18,90